LES COLLATIONS ANIMÉES

MANON LAVERTU

LES
COLLATIONS
ANIMÉES

ÉDITIONS DU TRÉCARRÉ

Photographies: Paul Casavant

Conception graphique: Dufour et Fille Design inc.

Photocomposition: Ateliers de typographie Collette inc.

ISBN 2-89249-351-X

Dépôt légal — 1er trimestre 1991
Bibliothèque nationale du Québec

Imprimé au Canada

Éditions du Trécarré
Saint-Laurent (Québec) Canada

TABLE DES MATIÈRES

PRÉFACE

Lorsque le document Les collations animées m'a été présenté, j'ai été tout de suite conquise par l'originalité du contenu et sa valeur intrinsèque. J'y ai vu la solution au problème qui se pose quotidiennement dans les maisons, les garderies et les écoles: faire manger aux enfants une collation saine et ce, sans le recours aux arguments classiques: «C'est bon pour la santé... ton corps en a besoin pour grandir... tes dents vont rester belles et sans caries».

De fait, tout cela est vrai, mais l'enfant n'y comprend rien et c'est pourquoi il refuse très souvent la bonne collation que nous lui avons préparée pour lui préférer «une bonne cochonnerie» qui a du goût, un parfum et qui, surtout est manipulable.

Un enfant c'est bien connu, a besoin de participer à la création d'un objet et d'en manipuler les éléments pour en connaître la structure et le contenu. Combien de fois ai-je vu mes enfants et ceux des autres partir à la recherche d'un outil pour ouvrir délicatement les quartiers d'orange et en extraire la pulpe juteuse, éplucher les raisins un à un et les ouvrir doucement pour en ôter les pépins, éplucher les pommes et les couper en tout petits morceaux pour vérifier si chacun d'eux avait le même goût que la grosse pomme, enlever chaque fil d'un bâton de céleri, gruger comme un lapin autour du cœur de la carotte afin de le garder pour la fin.

Ces gestes ne correspondent pas à notre code des «bonnes manières»... alors on interdit l'exploration et, du même coup on supprime l'intérêt de l'enfant pour l'aliment.

Les collations animées est un excellent moyen de développer les sens de l'enfant puisqu'en participant à la préparation de sa collation il sent, goûte, apprend le nom des aliments et, par la suite, il peut associer plus facilement une odeur et un goût au nom de l'aliment lui-même.

Cet ouvrage permet en outre d'établir une communication entre l'adulte et l'enfant et entre les enfants eux-mêmes au moment de la réalisation de la collation qui aura été décidée conjointement par l'enfant et le parent en fonction de ce que l'on a en réserve dans le garde-manger ou le réfrigérateur.

De tout les temps l'aliment a été utilisé comme moyen de séduction pour attirer l'enfant et pour l'apprivoiser. Nous vivons à une époque où la bonne alimentation joue un rôle primordial dans le maintien de la santé du jeune enfant et de son bien-être, nous en sommes conscients et c'est pour cela que nous insistons plus que les générations précédentes sur ce point. Donnons aux enfants la chance d'être séduits par ce qu'ils mangent en leur permettant d'utiliser l'aliment à la façon d'un jeu comme le propose Les collations animées.

Marthe Tétreault
Consultante en développement de l'enfant
Professeure en techniques de garderie

INTRODUCTION

L'idée des collations animées m'est venue pendant mon travail d'éducatrice en milieu de garde.

En effet, j'exerce depuis sept ans un métier qui me plaît beaucoup; je travaille auprès des enfants de quatre à cinq ans dans une garderie de Drummondville. C'est une tâche passionnante d'éduquer, d'aimer et d'être l'amie de plusieurs petits cœurs à la fois.

Les enfants demandent qu'on invente pour eux des nouveaux jeux, qu'on crée à partir de nouveaux matériaux et toutes les occasions de la journée sont propices à de nouvelles expériences basées sur ce qui les entoure et ce qui leur passe entre les mains. La nourriture en fait partie.

Pour répondre à ce besoin de manipuler et de connaître, j'ai imaginé d'utiliser l'heure de la collation pour créer avec les enfants des formes, des objets, des animaux et des personnages à partir des aliments qu'on nous proposait.

Mes petits amis connaissent bien les divers fruits et légumes servis ainsi que les noix et les fromages. Ils avaient aussi l'appétit frugal qu'on leur connaît à cet âge et je sentais que la collation était parfois dérangeante puisqu'elle entrecoupait leurs jeux.

J'ai donc résolu de rendre cette heure plus attirante pour eux tout en leur permettant de continuer à faire un jeu enrichissant. C'est ainsi que j'ai developpé le concept des collations animées.

On part d'un dessin qui représente une forme, un animal, une fleur ou un personnage pour le reproduire au moyen de fruits, de légumes ou d'un aliment quelconque. Ce faisant, l'enfant manipule, goûte et sent les aliments. Les résultats sont toujours très beaux et colorés, donc séduisants et appétissants. Les enfants mangent tout en s'amusant. Évidemment, au cours des collations, on

11

échange des commentaires sur l'importance des différents aliments et du rôle qu'ils jouent dans le développement du corps.

Les enfants apprennent beaucoup et sont fiers de faire état de leurs connaissances à la maison. Au cours d'une conversation, une mère m'a dit un jour: «Le soir, au repas, Annick nous donne presqu'un cours sur les vitamines.»

Plus c'est amusant, plus on apprend. Chaque collation animée est accompagnée d'une comptine celle-ci est également un excellent moyen d'apprentissage pour les enfants; ils l'apprennent et la répètent inconsciemment et tout à coup le message s'impose à eux: l'ourson qui hiberne... brosse, brosse bien ses dents, etc.

L'enfant apprend toute la journée et quelle que soit l'activité à laquelle il se livre, il n'en tient qu'à nous, éducatrices, d'utiliser toutes les occasions pour lui faire capter au maximum les messages qu'on lui transmet. L'important, c'est que cela soit agréable et significatif pour l'enfant et que cela se fasse au travers d'occupations dont il tire un certain plaisir.

Je vous souhaite beaucoup de plaisir à faire, comme moi-même, les collations animées avec «vos petits».

Manon Lavertu,
Éducatrice en garderie

UN MOT AUX ENFANTS

Toute préparation culinaire requiert un minimum d'hygiène et de sécurité. Voici quelques trucs qui t'aideront à suivre cette règle et à mener à bien l'activité que tu auras choisie.

L'HYGIÈNE
● Tu dois te laver les mains avant et après toute préparation culinaire.

● Tu dois laver les fruits ou les légumes et bien les peler, si nécessaire.

● Tu dois bien laver la table ou la surface de travail avant et après l'activité.

● Si un aliment tombe à terre, tu dois obligatoirement le laver à nouveau.

● Tu dois vérifier si les ustensiles et les récipients utilisés sont bien propres.

● Tu peux te servir d'un récipient en plastique ou en carton, d'un napperon en plastique, de papier d'aluminium ou d'essuie-tout. Les bols en bois sont déconseillés, car ils ne sont pas hygiéniques.

LA SÉCURITÉ
● Il est important de vérifier si tu n'es pas allergique à certains aliments.

● Sers-toi de récipients ou accessoires incassables tels assiettes de plastique ou de carton, napperon de plastique, un papier aluminium ou essuie-tout.

13

• Pour assembler plusieurs aliments, sers-toi de bouts de cure-dents. Lors de la dégustation, vérifie si les cure-dents sont bien enlevés.

• Mastique bien tous les aliments, en particulier certains légumes plus durs ou plus fibreux.

5 ANS ET MOINS
Cette activité doit être obligatoirement réalisée avec la participation d'un adulte.

6 À 8 ANS
Ne fais pas l'activité seul; le tout doit se dérouler sous l'œil vigilant d'un adulte.

8 ANS ET PLUS
Tu peux faire l'activité seul, sous la surveillance discrète d'un adulte. Demande-lui de choisir pour toi un couteau approprié à l'activité que tu comptes réaliser: un couteau de plastique ou un couteau à légumes selon le cas.

Installe-toi confortablement pour ne pas tomber et risquer de te blesser avec les ustensiles.

SUGGESTIONS

Ce livre a pour but de te faire jouer avec les fruits, les légumes et certains produits laitiers. Tu peux, avec les aliments que tu as chez toi varier à ta guise fruits et légumes, et même modifier les recettes en laissant libre cours à ton imagination. Voici quelques suggestions qui peuvent t'aider à remplacer certains ingrédients.

Ingrédients	Suggestions
Amande	arachide
Ananas	quartier de pomme
	½ tranche de kiwi
	rondelle de carotte
Banane	carotte
	concombre
	kiwi
Cantaloup, melon miel	banane coupée en deux dans le sens de la longueur
Carotte	céleri
	navet
	poivron
	concombre
Céleri	navet
	poivron
	carotte
	concombre
Cerise au marasquin	raisin vert ou rouge
	petite rondelle de carotte
Kiwi	morceau d'orange
	morceau de banane
	morceau de carotte
Luzerne	laitue frisée
	laitue boston

Ingrédients	Suggestions
Miel	tartinade de noisettes
	jus de fruits épaissi avec de la
	fécule de maïs
	cassonade
Navet	céleri
	carotte
	concombre
Noisette	cerise au marasquin
	raisin vert ou rouge
Orange	pomme
	tomate
	kiwi
Papier aluminium	assiette de carton
	cercle en carton blanc
Poivron	carotte
	céleri
	navet
Pomme	tomate
	orange
	kiwi
Raisin sec	graine de tournesol
	fragment d'arachide
Raisin rouge ou vert	cerise au marasquin
Réglisse	mince languette de céleri, navet, carotte
Tomate	orange
	concombre
	cantaloup
	melon miel
Chocolat (pépite)	caroube
	raisin sec
	graine de tournesol
Concombre	courgette (zucchini)
	carotte
	fromage
	kiwi
Fraise	cerise au marasquin
	½ quartier d'orange
	½ tranche de kiwi
	½ tranche de pomme

16

Ingrédients	Suggestions
Jujube en forme de framboise	cerise au marasquin
	raisin vert ou rouge
Fromage blanc ou orange	en meule
	en tranches
Tortue et porc-épic	
Kiwi	½ poire
Orange	raisin vert ou rouge
	fraise
Raisin vert ou rouge	½ quartier d'orange
Papillon	
Kiwi	rondelle de banane
Fleur	
Kiwi	¼ de fraise
	morceau de carotte
M. Punk Aluminium	
Kiwi	quartier d'orange
Ourson mignon	
Cerise au marasquin	poivron rouge
	graine de tournesol
Poussin	
Orange	½ tomate
	½ pomme
Souris	
Poire	kiwi pelé et coupé à la base; piquer un raisin sur le dessus

CHAPITRE I

MES AMIS
LES ANIMAUX

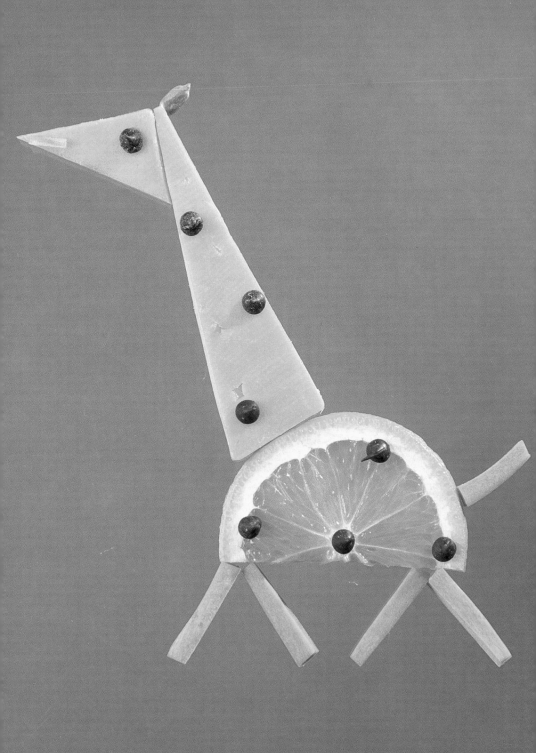

MON AMIE GIRON

☐ Bonjour mon amie Giron !
Ton cou est si long, si long
Que pour t'embrasser sur le nez
Il me faudrait un escalier.

INGRÉDIENTS

☐ **L'oreille** : 1 graine de tournesol
La tête : 1 triangle de fromage orange
L'œil : 1 pépite de chocolat
La bouche : 1 mini-languette de céleri
Le cou : 1 grand triangle de fromage orange
          3 pépites de chocolat
Le corps : ½ tranche d'orange
          4 pépites de chocolat
Les pattes : 4 languettes de carotte
La queue : 1 languette de carotte

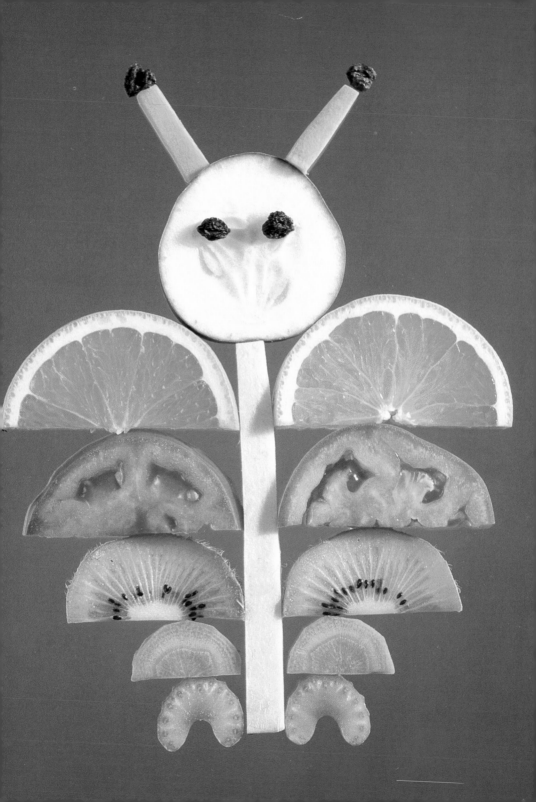

PAPILLON DOUX

Papillons doux,
D'où venez-vous?
Ah! des chenilles...
Quelle famille!
De toute façon,
Vous êtes mignons.

INGRÉDIENTS

Les antennes: 2 mini-languettes de carotte
2 raisins secs
La tête: 1 tranche de concombre
2 raisins secs
Le corps: 1 languette de navet
Les ailes: 1 tranche d'orange
1 tranche de tomate
1 tranche de kiwi
1 tranche de carotte
2 tranches de céleri

Coupe les tranches en deux, sauf celles du céleri.
Porte une attention particulière à la grosseur
des aliments pour respecter les proportions.

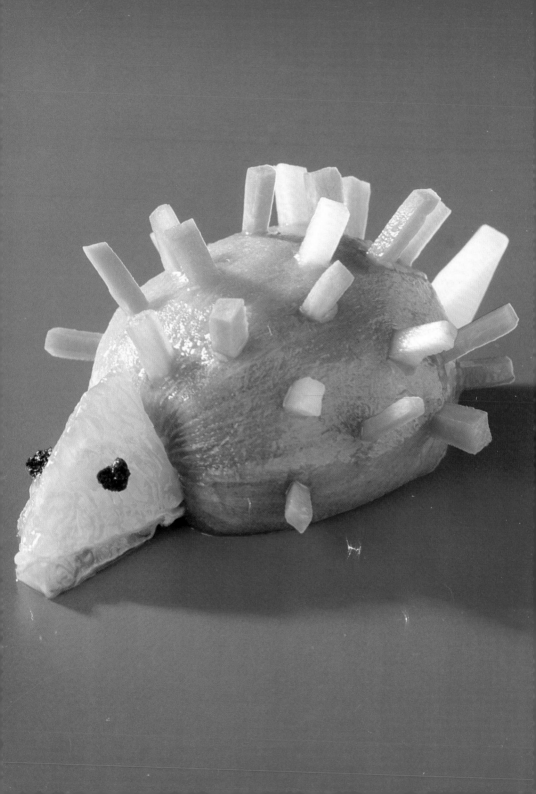

PORC-ÉPIC OU HÉRISSON

Porc-épic ou hérisson,
Tu es drôle à ta façon,
Tu as des piquants partout
Non, ce n'est pas doux du tout.

INGRÉDIENTS

La tête : ½ quartier d'orange
1 raisin sec (coupé en deux suivant la grosseur)

Le corps : ½ kiwi pelé (ou 1 entier suivant la grosseur)

Les piquants : bâtonnets de céleri
bâtonnets de carotte

La queue : triangle de fromage blanc

Les pattes : 4 cubes de carotte

Assemble la tête, les yeux et la queue avec des bouts de cure-dents.

DEVINE QUI JE SUIS?

☐
Devine qui je suis?
À la ferme, où je vis.
Ma maman m'a pondu,
Et je suis tout menu.
Je suis d'un jaune serin.
Oui, c'est moi le poussin!

INGRÉDIENTS

☐
Le bec: 1 petit triangle de fromage orange
La tête: 1 cerise au marasquin
L'œil: ½ raisin sec
Le corps: 1 grosse rondelle de banane
La paille: luzerne
La coquille d'œuf: ½ orange
                                  3 jujubes en forme de framboise

Fais l'assemblage avec des bouts de cure-dents.

27

OURSON MIGNON

☐ Un ourson
Bien mignon
S'est caché
Pour hiberner.
Avec le printemps fleuri,
Il est sorti de son lit
Pour jouer avec ses amis.

INGRÉDIENTS

☐ **Les oreilles**: 2 noisettes
La tête: 1 rondelle de concombre
Le nez: 1 triangle de fromage orange
La moustache: 6 mini-languettes de carotte
La bouche: 1 fragment de cerise
Le corps: 1 tranche d'orange
           2 raisins secs
Les pattes: 1 cerise coupée en deux

29

DAME TORTUE

Un petit pas par-ci,
Un petit pas par-là,
Dame Tortue s'en va, s'en va.
Soudain, cachée dans sa maison,
Elle pique un petit roupillon.

INGRÉDIENTS

La tête : 1 raisin vert
Les yeux : ½ raisin sec
Le corps : ½ kiwi pelé (ou 1 entier suivant sa grosseur)
6 à 10 raisins secs
La queue : 1 petit triangle de fromage blanc
Les pattes : 4 cubes de carotte
Fais l'assemblage avec des bouts de cure-dents.

LION DOUX

☐ Moi je suis un lion doux,
Mais je n'aime pas le chou.
Il m'arrive de rugir
Juste pour me dégourdir.

INGRÉDIENTS

☐ **La tête**: découpe le fond d'une assiette de carton

La crinière: luzerne, laitue frisée ou laitue boston

Les oreilles: 2 triangles de fromage orange

Les cils: petites lanières de carotte

Les yeux: 2 rondelles de carotte
2 tranches de cerise au marasquin
2 raisins secs

Le museau: triangle de fromage orange
6 languettes de céleri
6 raisins secs

La bouche: 1 languette de céleri
2 languettes de poivron rouge

Utilise des ciseaux à bouts ronds.

AMÉTIS LA SOURIS

☐ Hi! Hi! Hi! Hi! Hi! Hi!
Moi, je suis une souris.
Je m'appelle Amétis,
Je raffole du fromage suisse.

INGRÉDIENTS

☐ **Le corps**: 1 poire coupée à la base pour qu'elle tienne debout

Les oreilles: 2 amandes piqués dans la poire

Les yeux: 2 graines de tournesol piquées dans la poire

Le nez: ½ cerise maintenue par un bout de cure-dents

La moustache: 4 petits bâtonnets de carotte piqués dans la poire

La bouche: 1 fragment de poivron rouge maintenu par un bout de cure-dents

La queue: 1 languette de carotte piquée dans la poire

Les pattes: 2 raisins secs placés à la base de la poire

Plus la poire est mûre, plus l'assemblage sera facile

CHAPITRE II

DES PERSONNAGES FANTASTIQUES

POUSTAFI LE CLOWN

☐
Bonjour! les petits amis,
Moi je m'appelle Poustafi.
J'ai le cœur plein de magie,
Je fais rire grands et petits
Un, deux, trois, moustarada
Le beau lapin que voilà!

INGRÉDIENTS

☐
Le chapeau: 1 triangle de fromage blanc
2 languettes de carotte
½ cerise au marasquin

Les cheveux: laitue frisée ou autre

La tête: 1 tranche d'orange

Les yeux: 1 raisin vert coupé en deux
1 raisin sec coupé en deux

Les oreilles: 2 amandes nature

La bouche: languette de poivron rouge

Le col: 6 morceaux d'ananas en conserve ou
frais

POMMIRIONNETTE

☐
L'Halloween, c'est l'occasion
De manger plein de bonbons.
Mais il faut toujours prendre le temps
De toujours brosser tes dents.

INGRÉDIENTS

☐ **Le chapeau** : 1 gobelet en carton de forme
conique

La tête : 1 pomme verte

La frange : 1 morceau de réglisse noire
2 morceaux de réglisse rouge

Les cheveux : 3 languettes de réglisse noire
3 languettes de réglisse rouge

Les yeux : 2 jujubes en forme de framboise

Le nez : 1 triangle de fromage orange

Les dents : 5 petits cubes de fromage blanc

Si tu n'as pas de gobelet conique, fais-en un
avec du papier de bricolage.

41

M. PUNK ALUMINIUM

☐
> M. Punk Aluminium,
> Tu es un drôle de bonhomme,
> Les cheveux en allumettes,
> Viens-tu d'une autre planète?

INGRÉDIENTS

☐ **Les cheveux**: 3 languettes de carotte
3 languettes de céleri

La tête: forme ovale découpée dans du papier d'aluminium

Les yeux: 2 rondelles de concombre
2 rondelles de carotte
2 raisins secs

Le nez: ½ cerise au marasquin

Les oreilles: 1 tranche de kiwi coupée en deux

La bouche: ½ tranche de tomate

Les dents: 5 cubes de fromage blanc

Le col: laitue frisée

Utilise des ciseaux à bouts ronds.

MON AMI

☐
Écoutez, je vous le dis
Moi je l'aime mon ami.
Peu importe ses différences,
Cela n'a pas d'importance.
Je l'accepte comme il est,
C'est comme ça qu'il me plaît !

INGRÉDIENTS

☐
Le chapeau: ½ cerise au marasquin
1 triangle de fromage orange
Les cheveux: feuille de laitue frisée ou luzerne
La tête: 1 rondelle de concombre
Les sourcils: 2 rectangles de fromage
Les yeux: 2 raisins secs
Les oreilles: 2 cubes de carotte
Le nez: 1 graine de tournesol
La bouche: ¼ de cerise au marasquin
Le corps: 1 tranche de pomme
Les bras: 2 languettes de carotte
Les mains: ½ rondelle de banane dentelée
Les jambes: 2 languettes de céleri
Les pieds: 1 raisin rouge coupé en deux

45

CHAPITRE III

DES FLEURS
BELLES
À CROQUER

ANANIS ANANAS

☐
> Oh! Ananis Ananas,
> C'est une fleur d'ananas,
> Qui nous vient des pays chauds
> Comme les noix de coco.

INGRÉDIENTS

☐ **Le cœur**: ½ cerise au marasquin
Les pétales: 4 morceaux d'ananas en
conserve
4 petits morceaux d'orange
La tige: languette de céleri
Les feuilles: 1 tranche de kiwi coupée en
deux

TOMATINE

☐
Petite tomate,
Tu n'es pas plate
Puisque tu roules
Comme une boule.

INGRÉDIENTS

☐ **Le cœur** : 1 rondelle de banane
Les pétales : 2 tranches de tomate coupées en
deux
2 tranches d'orange coupées en
deux
La tige : 1 languette de céleri
Les feuilles : 1 tranche de kiwi coupée en
deux

51

FLEUR D'AMOUR

Ma fleur est comme l'amour
Elle grandit tous les jours.
Elle apporte le bonheur
Et la joie dans les cœurs.

INGRÉDIENTS

Le cœur : 1 rondelle de banane

Les pétales : 5 demi-fraises

La tige : 2 rondelles de banane coupées en deux

Les feuilles : ¼ de fraise

La pelouse : 8 petites languettes de céleri ou luzerne

FLEUR DE MIEL

☐ Bzz! Bzz! par-ci Bzz! Bzz! par-là
Suzie l'abeille s'en vient, s'en va,
Battant des ailes toute la journée
Pour préparer son miel doré.

INGRÉDIENTS

☐ **Le cœur** : 1 godet de miel
Les pétales : 4 quartiers d'orange
2 fraises coupées en deux
La tige : 1 languette de céleri
Les feuilles : 1 tranche de kiwi coupée en
deux
Fais la trempette dans le miel.

CHAPITRE IV

LES MOYENS DE TRANSPORT

L'HÉLICOPTÈRE

Hélicoptère, tère, tère !
Toi qui quittes la terre,
Tu peux même voler haut
Et saluer les oiseaux.

INGRÉDIENTS

Le rotor : 4 languettes de céleri
½ cerise au marasquin
1 mini-cube de céleri

La cabine : 1 tranche d'orange coupée droit
à la base
2 rectangles de fromage blanc de
grandeurs différentes
2 mini-languettes de céleri
1 languette de carotte
¼ de cerise au marasquin

La queue : 1 long triangle de fromage blanc
2 petits morceaux de fraise

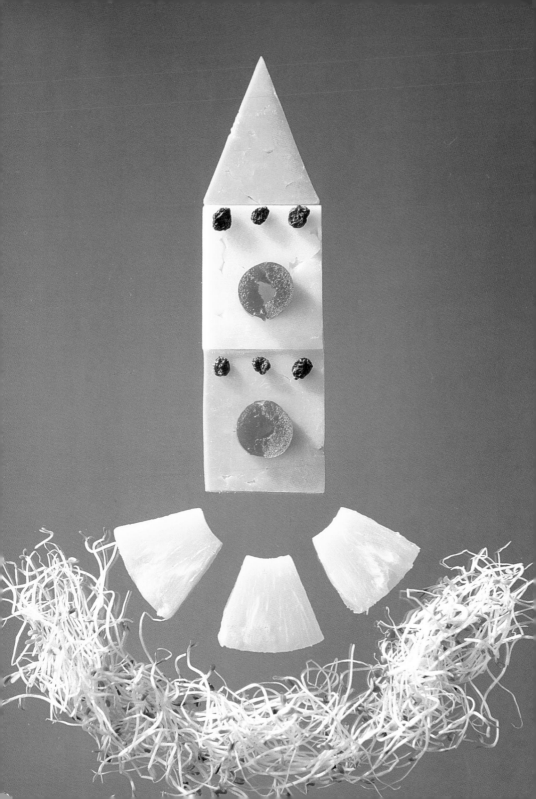

LA FUSÉE

Pluton, Mars et Jupiter
Sont des planètes comme la Terre.
Un jour j'irai en fusée
Pour toutes les visiter.

INGRÉDIENTS

Le nez: 1 triangle de fromage orange

Le corps: 1 carré de fromage blanc
3 petits raisins secs
1 tranche de cerise au marasquin

La queue: 1 rectangle de fromage orange
3 petits raisins secs
1 tranche de cerise au marasquin

Les flammes et la vapeur: 3 morceaux
d'ananas en
conserve
luzerne ou laitue
frisée

MON JOLI VOILIER

☐
Dans mon joli voilier,
Je me laisse bercer.
Le vent pousse les voiles
Au pays des étoiles.

INGRÉDIENTS

☐ **Le pavillon** : 1 triangle de fromage orange
Le mât : 1 languette de céleri
Le voilier : 1 triangle de fromage blanc
1 triangle de fromage orange
Le bateau : ½ tranche de melon miel coupée
dans le sens de la longueur
L'eau : luzerne
Les marins : 2 rondelles de banane
1 cerise coupée en deux
6 petits raisins secs

ROULE ROULANT

☐
Roule roulant, rouli-roulant
Je me promène au volant
De ma voiture à quatre roues
Qui me mène partout, partout.
Pout! Pout! Pout! Faites attention!
C'est ce que dit mon klaxon.

INGRÉDIENTS

☐ **Le toit**: 1 rectangle de fromage orange
1 languette de céleri
Le volant: 1 raisin sec
1 mini-languette de céleri
Le châssis: 1 rectangle de fromage blanc au
coin droit supérieur coupé
Pneu de rechange: ½ rondelle de carotte
Portière: 1 languette de céleri
2 mini-languettes de carotte
Les roues: 2 rondelles de carotte
2 raisins secs
2 tranches de cerise au marasquin
Phare avant: morceau de cerise au marasquin
Faisceau lumineux: 3 mini-languettes de
céleri

CHAPITRE V

DU SOLEIL AU PARAPLUIE

SOLEIL

☐

Soleil doux, Soleil chaud
Toi qui restes là-haut,
Je suis fier de t'avoir
Avec moi jusqu'au soir.

INGRÉDIENTS

☐ **Le centre**: 1 tranche d'orange
½ cerise au marasquin

Les rayons: 4 languettes de carotte
4 languettes de céleri

Entre les rayons: 2 raisins verts coupés en
deux
2 cerises au marasquin
coupées en deux

69

BROCHETTE DE FRUITS

☐
Raisin vert et fromage blanc,
Voilà de bons aliments
Excellents pour la santé
Et délicieux à manger.

INGRÉDIENTS

☐ **Quartiers d'orange**
Quartiers de pomme
Cerises au marasquin
Cubes d'ananas en conserve
Raisins verts
Raisins rouges
Cubes de fromage blanc
Rondelles de banane
Dispose à ton goût les fruits sur la brochette.
Fais épaissir au feu le jus d'ananas addition-
né d'une c. à soupe de fécule de maïs. Cela
fera une excellente trempette. Ajoute un peu
de miel ou de cassonade pour sucrer légère-
ment. Tu peux remplacer la trempette par de
la tartinade de noisettes et chocolat.
LA CUISSON DOIT SE FAIRE SOUS LA
SURVEILLANCE D'UN ADULTE.

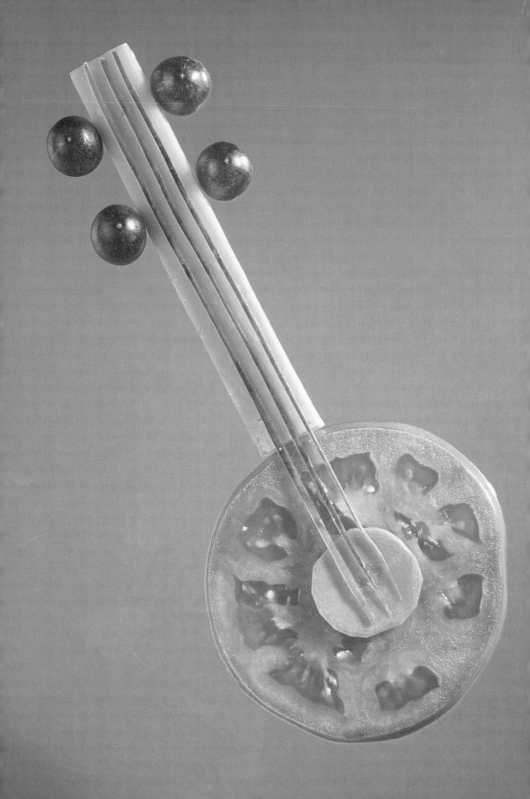

MON BANJO

Au son des Ho-y! Ho-y! Ho!
Je joue de mon banjo.
Sa musique est si belle
Que l'on danse avec elle.

INGRÉDIENTS

La caisse: 1 rondelle de tomate
1 rondelle de carotte

Le manche: 1 rectangle long et étroit de fromage orange

Les cordes: 3 fines lamelles de pelure de concombre (au râpe-carotte enlever la pelure)

Les clés: 2 raisins rouges coupés en deux

73

PANIER DE FRUITS

☐
Petit panier de fruits,
Tu es tellement joli !
Rien qu'à te regarder,
Je voudrais te croquer.

INGRÉDIENTS

☐ **Le panier** : ½ tranche de cantaloup
ou ½ tranche de melon miel
ou ½ tranche de melon d'eau
(à couper dans le sens de la longueur)

Les fruits* : 1 fraise coupée en trois
2 quartiers de pomme
½ cerise au marasquin
1 raisin vert coupé en deux

Le nœud : 2 triangles de fromage blanc
2 petits triangles de fromage
orange
½ cerise au marasquin

* Les quantités varient en fonction de la
grandeur de la tranche de melon. Le choix
des fruits est laissé au goût de chacun.

CRÈME GLACÉE

☐ Une bonne crème glacée!
Moi je vais me régaler.
Mange-la vite, me dis-tu,
Sinon elle sera fondue!

INGRÉDIENTS

☐ **Crème glacée**: 1 tranche d'orange assez
épaisse
1 cerise au marasquin coupée
en 5
feuille de laitue frisée ou
luzerne

Cornet: 1 long triangle de fromage blanc

77

ARBRE D'AUTOMNE

☐
> Plaf le petit écureuil
> S'est caché sous les belles feuilles.
> Il a un gros tas de noix
> Qu'il grignote comme un roi.

INGRÉDIENTS

☐ **La pelouse**: luzerne ou laitue frisée
Le tronc: 1 branche de céleri coupée en
        deux dans le sens de la longueur
Les branches: 3 languettes de carotte
        4 petites languettes de céleri
Les feuilles: 1 rondelle de banane coupée en
        quatre
        1 rondelle de concombre coupée
        en quatre
        1 cerise au marasquin coupée
        en quatre
        ½ tranche d'orange coupée en
        quatre
        4 amandes nature
        2 raisins rouges coupés en deux

Place les feuilles sur les branches au gré de
ton imagination.

BOUQUET DE BALLONS

☐
Comme j'aime regarder
Les ballons s'envoler !
Ils sont beaux et légers,
Le vent les fait danser.

INGRÉDIENTS

☐ **Les ballons** : 3 moitiés de raisins verts
3 moitiés de raisins rouges
4 rondelles de banane
4 rondelles de carotte
½ cerise au marasquin
Les fils : 5 lamelles moyennes de céleri
5 petites lamelles de céleri
Le nœud : 2 tranches de kiwi coupées en
deux
1 cerise au marasquin coupée
en deux
Dispose les ballons au gré de ta fantaisie.

JOLI PARAPLUIE

☐ Plouc! Plouc! Plouc! tombe la pluie
Sur mon joli parapluie.
Une goutte ici et là...
Heureusement que tu es là!

INGRÉDIENTS

☐ **La virole**: 1 cube de céleri
La toile: 1 tranche de tomate coupée droit à
la base
Les baleines: 3 fines languettes de carotte
Le manche: 1 languette de céleri
La poignée: 1 quartier de cerise au maras-
quin
Les gouttes de pluie: graines de tournesol

83

CHAPITRE VI

ENTRE AMIS COLLATIONS DE GROUPE

FLEUR ÉNERGIQUE

☐
Petite fleur énergique,
Je crois que tu es magique,
Garnie de tous ces beaux fruits.
Ah! vraiment tu es jolie!
Rayonnante de vitamines,
Tu me donneras bonne mine

INGRÉDIENTS

☐ **Le cœur**: 1 tranche d'orange
½ cerise au marasquin

Les pétales: 4 demi-tranches de cantaloup
4 demi-tranches de melon miel
4 fraises coupées dans le sens de
la longueur

La tige: 3 tranches d'orange coupées en
deux

Les feuilles: 1 morceau de cantaloup
2 morceaux de melon miel

La pelouse: 4 mini-languettes de carotte
4 mini-languettes de melon miel

TCHOU! TCHOU! LE TRAIN

☐ Tchou! Tchou! Tchou!
Mon petit chou,
C'est le train
qui s'en vient.

INGRÉDIENTS

☐ **Les 2 wagons oranges** : 2 rectangles de fromage orange. 2 cerises au marasquin coupées en deux. 4 rondelles de banane. 1 fraise coupée en deux

Les 2 wagons blancs : 2 rectangles de fromage blanc. 2 cerises au marasquin coupées en deux. 4 rondelles de banane ½ tranche de kiwi coupée en deux

Attache de wagons : alterne des fragments de céleri et de carotte

La locomotive : 1 rectangle de fromage orange. 1 petit rectangle de fromage orange 1 cerise au marasquin coupée en deux 1 rondelle de banane. 2 raisins secs

Les roues : 1 rondelle de concombre. 1 rondelle de banane. 1 cerise au marasquin coupée en deux. 1 petit bâtonnet de céleri

La cheminée : 1 petit bâtonnet de céleri
La fumée : luzerne

COURONNE DE NOËL

C'est la fête de Noël!
Moi, j'attends le père Noël.
Je crois qu'il aura pour moi
Une surprise remplie de joie.

INGRÉDIENTS

Le centre: cercle de carton au milieu duquel tu inscris: JOYEUX NOËL

Les nœuds: 16 petits triangles de fromage blanc placés sommet à sommet
4 cerises au marasquin coupées en deux

Entre les nœuds: 4 tranches d'orange
2 raisins verts coupés en deux
4 tranches de kiwi
4 petites rondelles de carotte

Dispose la couronne autour du cercle.

Le grand nœud: 2 grands triangles de fromage orange
½ radis
½ branche de céleri
½ carotte coupée dans le sens de la longueur

91

FLEUR DE SOLEIL

☐
> Moi, j'aime le Soleil!
> C'est lui qui me réveille.
> Il est super-gentil,
> Au jour, il donne vie.

INGRÉDIENTS

☐ **Le centre**: 1 tranche d'orange
1 tranche de melon miel
½ cerise au marasquin

Les rayons: 4 grands triangles de fromage orange
4 petits triangles de fromage blanc
8 languettes de céleri
4 tranches d'orange
4 tranches de kiwi
2 cerises au marasquin coupées en deux
2 raisins verts coupés en deux